AF502814

25 Septembre 1882

A LA MÉMOIRE
DE
MARIE-THÉRÈSE MERCIER

SŒUR DE SAINT-VINCENT DE PAUL

Directrice de l'École des Jeunes Filles
des Manufactures des Glaces et Produits chimiques
de Chauny.

AUTORISÉ

CHAUNY
A. VISBECQ & TROUVÉ
IMPRIMEURS-ÉDITEURS
1882

Bienheureux ceux qui meurent dans le Seigneur !

Il me semble que cette parole de nos saints livres est la seule qui puisse s'appliquer à la Mère bien-aimée que nous pleurons, qui nous laisse, dans sa mort si chrétienne, comme dans sa vie si humble et si remplie, l'exemple de toutes les vertus.

C'est le 21 septembre que le bon Dieu a rappelé à Lui ma sœur Marie MERCIER, *fille de la Charité*, en religion sœur THÉRÈSE, dans la soixantième année de son âge et la trente-deuxième de sa vocation religieuse.

Ma sœur Supérieure était à Chauny depuis plus de vingt ans, et l'on peut dire d'elle ce que l'Évangile dit de Notre Seigneur : « Elle a passé en faisant le bien ».

Si notre bonne Mère avait une préférence en son cœur, c'était pour les petits et les déshérités de ce monde ; elle prodiguait à tous ceux qui s'adressaient à elle les trésors de son inépuisable charité. Les mères de famille aimaient à la consulter sur l'avenir de leurs enfants ; elles savaient que la longue expérience de cette vénérée Mère saurait trouver pour chacune d'elles la voie qui, en maintenant leurs enfants dans la vertu, assurerait à leurs foyers la paix et le bonheur. Quel n'était pas son empressement près des ouvriers qu'un accident, une maladie retenaient sur un lit de douleur ! Elle les soignait avec un dévouement sans égal, elle s'informait de leurs besoins pour y remédier, de leurs peines pour les partager ; son adresse pour les pansements était très grande et combien lui doivent ou la conservation d'un membre brisé, ou la guérison de plaies qui donnaient de l'inquiétude.

Qui pourrait dire les larmes qu'elle a essuyées, les douleurs qu'elle a consolées, les âmes qu'elles a affermies dans le bien, et celles qu'elle a aidées à sortir de la misère et du désespoir ? C'est le secret du Seigneur. Mais au jour des grandes manifestations, Dieu, qui ne laisse pas sans récompense un verre d'eau froide donné en son nom, nous montrera tous les trésors cachés de cette belle vie.

Depuis de longues années, notre bonne Mère était souffrante, et chaque hiver ajoutait à ses douleurs ; mais, si le corps était malade, que le cœur était bon et l'âme sereine ; jamais une plainte ne sortait de ses lèvres, jamais elle n'eut la pensée, elle si active et si bien douée, de déplorer l'immobilité où sa santé la tenait ; elle voyait en tout la volonté du bon Maître qu'elle avait choisi pour son partage et elle acceptait avec le même amour et la même soumission les croix et les sacrifices ; elle aimait à dire que le disciple n'est pas plus que le Maître, et que Jésus ayant souffert pour elle, il était juste qu'elle souffrît pour lui.

Il semblerait que ses longues souffrances auraient dû la détacher des œuvres de sa chère vocation ; souffrir en silence n'était-ce pas déjà assez généreux et assez grand, mais ce serait mal connaître ce cœur. En vraie Fille de Saint-Vincent de Paul, elle ne perdait de vue aucune bonne œuvre ; elle s'intéressait à tout et suivait avec bonheur les progrès des écolières dans les sciences et ceux de la piété dans les jeunes âmes confiées à ses soins.

Que dire de la sollicitude maternelle, du zèle infatiguable qu'elle prodigua aux enfants qui, en sortant des classes, viennent apprendre à travailler à l'ouvroir ? c'était son œuvre de prédilection, elle en suivait le développement avec un véritable bonheur.

L'*ouvroir*, disait cette bonne Mère, est le milieu dans lequel ces jeunes âmes s'épanouiront dans la pratique de la vertu, s'affermiront dans l'amour de Dieu, de la famille et du devoir ; et pour en assurer la persévérance elle fit ériger l'association des *Enfants de Marie*. Elle savait, cette bonne Mère, que la jeunesse, aujourd'hui surtout, est si exposée, que tant de dangers inconnus la menacent, qu'elle n'avait qu'un désir : attirer sous la bannière de l'Immaculée Marie ces cœurs que le monde convoitait et que le démon, de concert avec le monde, allait assiéger de toute façon.

Que n'a-t-elle pas fait pour notre Association ? Réunions du dimanche, retraite chaque année, récompenses aux plus exactes, promenades et jeux amusants ; son cœur maternel recherchait toujours ce qui pouvait apporter à ses enfants bien-aimées, ou une lumière pour le cœur, ou un joyeux délassement pour le corps. Depuis longtemps, nous étions privées de la voir présider ces réunions ; mais, nous la savions de cœur avec nous et nous sentions que ses souffrances, vraies prières de l'âme, nous attiraient bien des grâces dont nous ne connaîtrons qu'au ciel toute l'étendue et toute l'efficacité. Que le bon Dieu lui rende au centuple tout le bien qu'elle nous a fait et que, du séjour de la gloire, où sa place était prête depuis longtemps, elle nous continue sa maternelle protection; qu'elle présente nos prières au bon Dieu et obtienne pour chacune de nous et à toute notre Association les grâces dont nous avons besoin pour aller la rejoindre un jour dans la patrie où elle ne nous a devancées que pour nous en ouvrir les portes.

Cependant, nous n'oublierons pas que pour aller au souverain Juge il faut une pureté sans tâche, et que Dieu aperçoit des ombres jusque dans ses anges; nous redoublerons nos prières et nos supplications, nous offrirons de ferventes communions afin de hâter pour notre bonne Mère, si elle en avait besoin, son éternelle réunion avec le Seigneur.

Une vie si édifiante et si belle ne pouvait se terminer que par une mort plus édifiante encore, et le bon Dieu, dans sa miséricorde infinie, a permis que notre Mère eut ici-bas les dernières consolations religieuses. Les époques des retraites pour les sœurs étant fixées, notre Mère ne voulut en priver que le petit nombre indispensable aux offices de la maison et aux soins qu'exigeait sa maladie, de sorte que trois sœurs seulement étaient avec elle les derniers jours. Se sentant gravement malade et désirant avoir toutes ses facultés pour se préparer aux derniers sacrements, elle demanda, huit jours avant sa mort, à recevoir l'Extrême-Onction; nos sœurs, regrettant de ne pas avoir avec elles leurs compagnes en retraite, semblaient dire qu'on pouvait attendre. Notre bonne Mère répondit que l'Extrême-Onction était aussi bien un sacrement des vivants que des morts, et qu'elle serait plus tranquille quand elle l'aurait reçu. M. Jardinier, curé de la paroisse, se rendit à son désir et la pieuse et touchante cérémonie s'accomplit: c'était le vendredi 15 septembre.

La maladie faisant des progrès rapides, et le médecin ayant déclaré que les jours de notre vénérée Mère étaient comptés, les sœurs en avertirent sa famille et celles de leurs compagnes qui étaient en retraite à Cambrai. Ces dernières, aussitôt la nouvelle arrivée, demandèrent à la Supérieure ce qu'il était convenable de faire; la permission leur fut donnée de partir de suite afin de recevoir les derniers adieux de leur bonne Supérieure. Elles arrivèrent le dimanche soir, heureuses dans leur douleur d'arriver assez tôt pour revoir celle qu'elles avaient craint ne plus retrouver vivante.

M. le Supérieur de Saint-Léger, cédant au désir de procurer à notre Mère la consolation d'avoir à son chevet un fils de Saint-Vincent, quitta la retraite pour quelques heures et vint la préparer au grand voyage. Elle éprouva de cette visite et du retour de ses sœurs un véritable bonheur.

Quant à sa famille, si éloignée d'ici, il était impossible d'en attendre quelques membres avant le lendemain. Aussi, le lundi à 10 heures, deux frères de notre Mère, prêtres tous deux, arrivaient pour apporter à leur sœur les dernières consolations. Cette visite donna à notre bonne Mère comme un petit retour vers la vie, elle s'efforçait d'être gaie et courageuse pour éloigner de l'esprit de ses frères la pensée qu'elle allait mourir.

Ses entretiens avec eux ne respiraient que l'abandon à la volonté divine et le bonheur qu'on éprouve quand on a fait généreusement le sacrifice de sa vie. Elle leur disait qu'elle était triste de n'avoir pas plus de peine de la mort, et elle en donnait ce motif : « Nous, qui avons tout » quitté pour le bon Dieu, et qui non-seulement suivons les » préceptes, mais encore les conseils évangéliques, pourquoi » n'espérerions-nous pas tout de sa miséricorde ». La veille de sa mort, elle se fit un plaisir d'assister à la sainte messe offerte par ces messieurs au petit oratoire voisin de l'infirmerie, et comme une de nos sœurs lui faisait observer qu'elle était fatiguée, elle voulut retourner à l'oratoire pour la seconde messe, disant : « C'est ma dernière consolation ».

Ses efforts redoublés, trompant ses frères et nos sœurs qui l'entouraient, on crut à un mieux qui, hélas ! n'était que le prélude des dernières souffrances qui devaient nous la ravir. On commença une neuvaine à Notre Dame de Lourdes pour demander à Marie Immaculée de prolonger des jours si précieux ; mais notre Mère, craignant de voir tant de prières exaucées, en faisait un affectueux reproche à ses frères : « Je suis prête à mourir et j'ai fait mon » sacrifice ; une autre fois, je serais peut être moins bien

» disposée ». Sans doute le bon Dieu avait accepté ce sacrifice et nos supplications ne devaient pas obtenir cette guérison tant désirée.

Le départ de ces messieurs enleva à notre Mère les forces factices qu'elle avait conservées en leur présence; l'oppression augmenta et une sorte d'assoupissement continuel faisait craindre un prompt dénouement. Pour moi qui ai eu le bonheur de la voir quelques heures avant sa mort, je n'oublierai jamais l'impression que cette courte visite m'a causée. Elle me fit approcher de son lit, me prit la main et me dit, avec son bon sourire : « Oh ! ma bonne » enfant, que je suis fatiguée, que je suis fatiguée ». L'embrassant je lui répondis : « Heureusement, ma sœur, » que le bon Dieu compte tout et ne laisse rien sans » récompense ». A ces mots elle relève la tête et avec un accent qui me touche encore : « Je l'espère bien, dit-elle, » oh ! oui ! je l'espère bien. » Puis sentant qu'elle avait besoin pour le passage du temps à l'éternité de beaucoup de grâces, elle ajouta : « Dites à votre maman de bien » prier pour moi, j'en ai besoin. » Bonne Mère, tout le monde priait pour elle. N'était-ce pas là, pour les mères et les enfants, un devoir de reconnaissance bien doux à remplir ? Je l'embrassais encore une fois et elle me serra affectueusement la main en signe d'adieu. C'était en effet un adieu. Je ne devais plus la revoir que le soir, étendue sans vie sur son lit de douleur ! Nos sœurs me prièrent d'aller chercher M. le Curé afin de procurer à ma sœur supérieure le bonheur d'une dernière communion et toute l'après-midi elle ne cessa de répéter : « Il ne vient pas. » Vers quatre heures, M. l'abbé Jardinier arriva et notre Mère, par respect pour Notre Seigneur qui allait la visiter demanda à être mise dans son fauteuil. Après une dernière absolution, elle reçut le saint viatique qui devait lui apporter force et courage pour lutter jusqu'à la fin. Puis, on commença les prières de la recommandation de l'âme auxquelles la sainte malade répondit avec beaucoup de foi. Toutes nos sœurs l'entouraient versant des larmes amères, elle les consolait et on peut dire que la pensée d'adoucir leur peine a été présente à son cœur jusqu'à son dernier soupir.

Mesdames Leroy et de Vienne étant montées peu après, notre Mère échangea avec elles quelques paroles. Puis, elle parla de la conformité à la volonté divine. M. le Curé lui ayant dit : « Mais ma sœur Supérieure, c'est un vrai sermon » que vous nous faites là. » Son humilité s'alarma et elle s'empressa de répondre : « Moi, mais je ne sais rien, que » voulez-vous que je dise, moi pauvre fille de la Charité », et se tournant vers ces dames : « Mesdames, je vous recom- » mande mes Sœurs, consolez-les quand je n'y serai plus. »

Cependant, l'heure de la séparation approchait, plusieurs enfants désiraient voir leur bonne Mère; on lui en fit la demande et elle les engagea à s'approcher d'elle; puis, se laissant embrasser, elle eut encore la force de dire : « Pauvres » enfants, je vous aime autant l'une que l'autre. » Notre Mère voulut faire un mouvement, elle retombe sur le côté, poussa deux ou trois légers soupirs et son âme était entrée dans son éternité. Il était six heures du soir. Tout le monde sanglotait autour de cette couche funèbre, mais en même temps les prières les plus ferventes s'échappaient de tous les cœurs, on sentait que c'était le grand moment : celui où notre Mère en présence de son Dieu, allait entendre sa sentence de miséricorde.

Cette douloureuse nouvelle se répandit bien vite et vint jeter comme un voile de deuil sur la ville entière. Le lendemain il fut convenu que notre Mère qui avait tant aimé l'association des Enfants de Marie, aurait toujours près d'elle plusieurs d'entre nous et que d'heure en heure on se relèverait pour lui rendre ce dernier et filial devoir. Aucune de nous n'a manqué à ce pieux rendez-vous, quelques-unes mêmes, dont les habitations étaient près de la maison des Sœurs, restèrent la nuit, de sorte que nuit et jour cette bonne Mère a été entourée de ses enfants.

Avec quelle ferveur nous récitions notre chapelet, notre office de l'Immaculée Conception, conjurant avec larmes le Seigneur de donner à notre Mère le repos éternel. Pendant les trois jours que fut exposé le corps de notre bonne Mère, une foule recueillie et émue se pressa autour d'elle. Tous s'y trouvaient confondus : petits et grands, riches et pauvres venaient contempler ce cher visage si calme et si majestueux, les larmes étaient dans tous les yeux et son éloge dans toutes les bouches; le bon Dieu permit qu'aucune apparence de décomposition ne vint la défigurer et nous pûmes, pendant ces trois jours, conserver notre Mère; il nous semblait qu'elle n'était qu'endormie et que nous allions la voir nous parler comme autrefois. Je ne dis rien de notre douleur, les choses du cœur se sentent, mais ne se disent ni ne s'écrivent; c'est Dieu qui a fait la blessure, c'est lui seul qui la cicatrisera.

*
* *

Nos Sœurs nous laissèrent le soin de préparer à notre Mère bien-aimée, des funérailles dignes d'elle, et ce fut pour nous une bien douce consolation. Les unes faisaient des bouquets, les autres ornaient le drap mortuaire, aidées de personnes étrangères qui nous ont été d'un grand secours et pour qui nous éprouvons la plus vive reconnaissance. Chacune s'empressait ; on se multipliait pour que tout soit la touchante manifestation de notre filiale affection. On peut dire que cette cérémonie funèbre avait un cachet de triomphe et de gloire qui réalisait pour notre Mère ces paroles du MAGNIFICAT : *Il a exalté les humbles.* Tous se pressaient autour de la chapelle des manufactures où avait été déposé le corps ; le cercueil disparaissait sous les fleurs et quand le cortège se mit en marche il y eut une explosion de sanglots qui témoignait, mieux que les plus beaux discours, la profonde vénération et la sincère reconnaissance dont tous les cœurs étaient remplis pour celle qui avait semé autour d'elle tant de bienfaits.

Une enfant de Marie, placée à Paris, n'a pas hésité un instant à faire le voyage pour témoigner ainsi la gratitude dont elle était pénétrée pour les bons soins et la tendre sollicitude de cette bonne Mère. En tête du cortège se trouvait notre bannière recouverte d'un crêpe ; ensuite, un groupe de petits enfants vêtus de blanc avec une écharpe de deuil; puis un autre groupe de moyennes habillées de noir avec des écharpes blanches. En avant du cercueil, plusieurs magnifiques couronnes de fleurs naturelles offertes, par ces messieurs et ces dames de l'Administration, étaient portées par des *Enfants de Marie;* quatre autres portaient les rubans de la couronne offerte par l'association reconnaissante; aucune ne manquait, nous étions plus de cent jeunes filles en noir, voilées et couronnées, portant des bouquets. Nos Sœurs suivaient le corps de leur regrettée Mère. Un grand nombre de Supérieures des environs et quelques-unes de leurs compagnes, les religieuses de la Croix, de Chauny, et celles de différents Ordres aux alentours de la ville étaient venues rendre hommage à notre Mère bien-aimée.

L'église était remplie comme aux jours des grandes solennités, et le recueillement le plus profond n'a cessé pendant la cérémonie et le parcours au cimetière. M. le Curé, se faisant l'interprète de toute la paroisse, monta en chaire et a, dans quelques paroles, retracé la vie toute de dévouement, de charité et d'humilité de ma Sœur Supérieure.

*
* *

DISCOURS DE M. L'ABBÉ JARDINIER

CURÉ DE NOTRE-DAME

« Ce serait pour moi une souffrance de cœur, si notre vénérée Supérieure était enlevée du saint lieu sans une parole de respectueuse affection et de profonde reconnaissance. Vingt ans de présence et d'action ont acquis, au milieu de nous, à la révérende Mère Marie Mercier, en religion sœur Thérèse, non-seulement droit de cité, mais droit à un éloge public. Une seule chose pourrait nuire à cet éloge : l'entendre de la bouche d'un nouveau venu ; mais, je me ferai pardonner mon intrusion, en me constituant simplement votre fidèle écho.

« Ce qui met surtout en relief nos qualités personnelles, c'est d'arriver à un poste à titre de fondateur, et, pour ainsi dire, de créateur. Or, il y a vingt ans, les établissements complémentaires de nos deux manufactures étaient loin d'être ce que nous voyons et admirons aujourd'hui. Ces œuvres colossales, qui était en germe dans l'esprit et le cœur d'une noble Administration, ne pouvaient éclore en un jour : il leur fallait la consécration du temps qui n'a pas l'habitude de ratifier ce que l'on fait sans lui. Donc, à cette époque, pour les enfants de nos chers ouvriers, pas de classe ou quelque chose d'insuffisant, pas d'asile pour l'enfance, pas de cercle pour la jeunesse, pas d'ouvroir pour nos jeunes filles. On eut cherché en vain ces vastes cours pour les joyeux ébats des écoliers, ces gymnases pour le développement des forces phisiques, ces préaux pour les jours d'intempérie, et ces mille détails essentiels dont l'énumération m'entraînerait trop loin. Où était alors cette pharmacie, ressource si précieuse pour les premiers soins à donner sur place aux blessés; cette chapelle, ressource plus précieuse encore pour les blessures et tous les besoins de l'âme chrétienne, et cet oratoire privé où le cœur de sœur Marie, brisé par la souffrance, retrempa si souvent sa foi et sa vigueur? Oublierai-je, dans cette glorieuse nomenclature, nos deux communautés de Frères et de Sœurs sans lesquelles ces établissements eussent été autant de corps sans âme.

« C'est à l'arrivée de la digne Supérieure que le grain de sénevé va devenir le grand arbre dont parle l'Évangile. Loin de moi la pensée d'exagérer un rôle qui ne pouvait être qu'accessoire et secondaire, mais il me sera permis de constater le mérite de l'attente dans le provisoire, au milieu des chantiers, à travers toutes les péripéties de longues constructions; puis, le mérite autrement grand de l'organisation, quand les pierres sont en place et que l'esprit doit imprimer le mouvement à la matière: *Mens agitat molem.*

« Une lettre de l'époque, chef-dœuvre de style pittoresque, nous rend cette situation toute parlante et toute en mouvement. Nous n'en serons pas surpris puisqu'elle est signée « *Cochin* », l'illustre administrateur des Manufactures et le grand publiciste catholique. Qu'il me soit permis d'en citer quelques extraits, même en face du tabernacle de notre grand Dieu qui consacra le travail de l'homme en se faisant, à Nazareth, le Dieu-Ouvrier.

« Je tombe — écrit M. Cochin — entre des bateaux, entre » des chariots, des wagons, des roues, des chaudières. Ici on » polit, on doucit, on étame les glaces; on compose et on » décompose la soude, et les sulfates, et les sulfites, et les » chlorates, et les carbonates; tous les sens sont bravés à la » fois, et l'homme triomphe de tous ses sens; il vit dans ces » odeurs, à travers ce bruit, malgré cette fumée; pour aller » plus vite, il réduit en esclavage le feu, la terre et l'eau... On » sort de là étourdi, entre la courbature et l'admiration.»

« Citons un dernier trait qui me remet en plein dans mon sujet, si toutefois je m'en suis écarté:

« ... Il y a — continue M. Cochin — il y a des Sœurs au

» milieu de ces cheminées, des Sœurs fabriquant des âmes.
» On nous a adressé des compliments avec gestes : la Sœur
» de l'asile est pleine d'intelligence. »

« Dans ce tableau si vivant où la matière seule est remuée, n'est-ce pas le coup de maître du peintre « cette sœur fabriquant des âmes » ? — Telle était bien, dès le début, la pensée de sœur Thérèse. Elle était là, non pas environnée, comme d'un chœur d'anges, de ses neuf compagnes d'aujourd'hui, mais avec deux sœurs seulement. Une chambre commune leur servait d'abri, et, quand les blessés de la journée se présentaient au pansement, c'était parfois en rompant le pain, et dans leur réfectoire même, que les bonnes infirmières exécutaient leurs pieuses manœuvres....

« Avant de faire un pas de plus dans cet exposé, j'appellerai à mon aide mes deux prédécesseurs, MM. Fournaise et Jumaucourt, pour remercier plus dignement notre chère défunte de la grande œuvre de piété et de vertu qu'elle créa, maintint et développa au milieu de nous: l'œuvre de la persévérance chrétienne de nos bien-aimées *Enfants de Marie*. Parents, joignez-vous à vos pasteurs: si plusieurs centaines de nos jeunes filles ont traversé impunément les dangers de la jeunesse et échappé aux mille entraînements du monde ; si un grand nombre d'entre elles sont, à l'heure présente, des dignes épouses, d'exellentes mères de famille, c'est, après Dieu, à ma sœur Mercier qu'elles sont redevables de cet imcomparable bienfait. Aussi, en ce jour des funérailles voyez ces enfants pleurant leur mère selon la grâce, comme elles pleureraient la mère que la nature leur a donnée. Le sentiment de la reconnaissance, je l'indique, je ne le provoque pas, il est dans vos cœurs, et il n'y a qu'un instant, quand nous traversions cette chaussée chaunoise, en accompagnant la vénérable dépouille qui est sous nos yeux, à l'aspect de ces fronts découverts et de ces figures émues, nous avons senti' qu'aux yeux de toute notre ville, ce n'était pas un mort ordinaire, c'était la Religion, c'était Vincent de Paul qui passaient. Et quand, de ce glorieux cerceuil, nos regards se reportaient sur la légion virginale qui escorte avec nous sœur Mercier, plus d'un grand esprit, dans nos rangs, plus d'un noble cœur protestait contre les affronts, si glorieux qu'ils puissent être, faits de nos jours aux plus pures vertus.

« Je dois des égards à ce respectable auditoire qui m'honore d'une attention si bienveillante et que je retiens indiscrètement. Aussi est-ce pour cela que je m'arrête au cœur de mon sujet : la maladie et la mort de notre bien-aimée Supérieure. Que de paroles j'aurais à citer, que d'exemples à proposer, moi, plus d'une fois, j'en bénis Dieu, témoin oculaire et auriculaire! J'ouvrirai simplement la lettre d'un prêtre vénérable, frère de celle que nous pleurons :

« Je lui annonçais — écrit-il — je lui annonçais pendant » notre visite, que nous allions faire une neuvaine pour le » rétablissement de sa santé, elle me répondit : « Vous » voulez m'empêcher de mourir, je suis pourtant bien » disposée maintenant, peut-être plus tard ne le serai-je pas; » mon sacrifice est fait, cependant il en sera ce que le bon » Dieu voudra. » Une autre fois elle me dit : « Paraître » devant Dieu est terrible, mais pourtant, quand on a tout » quitté par amour pour Lui et pour le prochain; quand on » a renoncé à toutes les jouissances de la vie pour obéir » non-seulement à la loi de Dieu, mais aux conseils » évangéliques, on peut bien compter sur les miséricordes » divines. » Elle ajoutait : « Ça va se déterminer bientôt, » avant quinze jours ce sera fait. »

« Elle vous disait des choses du ciel, la bonne Sœur, à tout moment, sans recherche, sans apprêt, avec cette droiture, cette netteté, cette simplicité qui faisaient le fond de sa nature, et elle les dit jusqu'au bout, puisque Dieu permit que cette forte tête, cette belle intelligence ne fut pas voilée par une minute d'éclipse. Dans un de ces moments si fréquents, où sa poitrine s'asphyxiait, je lui dis : Vous souffrez, Mère ? « Ma souffrance, la savez-vous ? me » répondit-elle, c'est de ne pas souffrir assez » ! Parole bien digne de celle qui, au jour de sa profession religieuse, avait reçu le nom de Thérèse.

« Sa mort fut douce comme sa vie. Alors que nous espérions la garder encore une nuit sur terre, le Ciel s'ouvrait pour elle, pour elle munie de tous les Sacrements, pour elle purifiée par l'indulgence plénière, pour elle qui venait de faire écho à toute les prières de l'agonie, pour elle qui tenait à la main le cierge bénit, souvenir du baptême, de la première communion, de la profession religieuse. Mourir ainsi n'est pas mourir, c'est exhaler le dernier soupir de l'exil, pour commencer, sans interruption, le premier et interminable soupir de la véritable patrie. »

*
* *

M. Gilquin, de Saint-Charles, qui a donné aux Sœurs et à notre association tant de marques de sympathie, a dit les prières de l'*absoute*. Le cortège s'est reformé pour aller au cimetière dans le même ordre que précédemment ; tout le long du parcours on entendait faire l'éloge de notre chère Mère, on nous a même rapporté qu'un homme tout à fait éloigné de la religion avait dit à cette vue : « On dira ce qu'on voudra, un enterrement comme celui-là est plus touchant qu'un enterrement civil » ; tant il est vrai que la vertu inspire à tous, même à ceux qui ne la pratiquent plus, un respect involontaire qui les oblige à proclamer que rien n'est plus beau que la vertu. Au cimetière, M. Hector Biver a prononcé, sur la tombe de ma Sœur Marie Mercier, une allocution touchante qui a été jusqu'au fond des cœurs et que nous regrettons de ne pouvoir transcrire en entier, malgré les sanglots, nous avons recueillis les quelques paroles suivantes qui témoignent de la haute estime de l'administration supérieure pour notre Mère.

*
* *

DISCOURS DE M. HECTOR BIVER

« Je viens au nom du Conseil d'administration, rendre un » dernier hommage à celle que nous pleurons aujourd'hui. » La reconnaissance pour le bien qu'elle a fait est dans tous » les cœurs ; administrateurs, directeurs, ouvriers, mères » de familles, savent que c'est à ma Sœur Mercier que l'on » doit le développement de toutes ces grandes œuvres si » florissantes aujourd'hui. C'est elle qui, depuis vingt ans, » conduit pas à pas, depuis l'asile jusqu'à l'ouvroir, toutes » nos jeunes filles, préparant à notre société ouvrière des

» mères de famille modèles. Merci donc à celle qui
» emporte l'estime de tous, les regrets amers de ceux à qui
» elle s'était dévouée et qui laisse à tous l'exemple des plus
» hautes vertus.

« Mais, au milieu de nos larmes, ayons sans cesse dans
» le cœur la foi, l'espérance et la charité, si nous voulons
» faire le bien à nos semblables et pouvoir dire à ceux que
» nous aimons et que la mort enlève à notre affection, non
» pas adieu, mais au revoir. »

*
* *

Puis, les dernières prières ont été dites, et l'eau bénite une dernière fois jetée sur cette chère dépouille, il a fallu reprendre le chemin de la ville, laissant là, seule, celle que nous avions tant aimée. C'est là qu'elle va dormir de ce sommeil de mort jusqu'au jour de sa glorieuse résurrection. C'est là aussi que nous aimerons à nous agenouiller et à venir demander à notre Mère de veiller toujours sur ses enfants.

Nous pleurons, mais non comme ceux qui n'ont pas d'espérance, car nous avons la certitude qu'après cette vie de douleurs, de misères et de séparations, il en est une autre qui réunira dans un même bonheur tous les élus du Seigneur. C'est dans cette gloire que notre Mère nous attend et nous lui promettons de marcher sur ses traces afin qu'un jour nous méritions comme elle de nous endormir dans le Seigneur et de partager son éternel bonheur.

UNE ENFANT DE MARIE RECONNAISSANTE.

Chauny. — Imprimerie A. VISBECQ & TROUVÉ.

www.ingramcontent.com/pod-product-compliance
Ingram Content Group UK Ltd.
Pitfield, Milton Keynes, MK11 3LW, UK
UKHW021028220726
13924UKWH00001B/178